CATALOGUE
D'ESTAMPES
ANCIENNES
PAR DES GRAVEURS DE TOUTES LES ÉCOLES
TELS QUE :

Marc-Antoine, Albert Durer, Rembrandt, Callot, etc.

DE

DESSINS ANCIENS
ET DE
CATALOGUES D'OBJETS D'ART

DONT LA VENTE AURA LIEU

HOTEL DES COMMISSAIRES-PRISEURS

Rue Drouot, n° 5
SALLE N° 3

Les Lundi 28 & Mardi 29 Janvier 1861, à une heure.

Par le ministère de M° **DELBERGUE-CORMONT**, C^re-Priseur,
rue de Provence, 8,
Assisté de M. **CLEMENT**, M^d d'Estampes de la Bibliothèque Impériale,
rue des Saints-Pères, 3.

EXPOSITION PUBLIQUE
Le Dimanche 27 Janvier 1861, de 1 heure à 4 heures.

PARIS
RENOU & MAULDE
IMPRIMEURS DE LA COMPAGNIE DES COMMISSAIRES-PRISEURS
rue de Rivoli, 144.

1861

CATALOGUE
D'ESTAMPES
ANCIENNES
PAR DES GRAVEURS DE TOUTES LES ÉCOLES
TELS QUE :

Marc-Antoine, Albert Durer, Rembrandt, Callot, etc.

DE

DESSINS ANCIENS

ET DE

CATALOGUES D'OBJETS D'ART

DONT LA VENTE AURA LIEU

HOTEL DES COMMISSAIRES-PRISEURS

Rue Drouot, n° 5

SALLE N° 3

Les Lundi 28 & Mardi 29 Janvier 1861, à une heure.

Par le ministère de M° DELBERGUE-CORMONT, C^{re}-Priseur,
rue de Provence, 8,

Assisté de M. CLEMENT, M^d d'Estampes de la Bibliothèque Impériale,
rue des Saints-Pères, 3.

EXPOSITION PUBLIQUE

Le Dimanche 27 Janvier 1861, de 1 heure à 4 heures.

PARIS
RENOU & MAULDE
IMPRIMEURS DE LA COMPAGNIE DES COMMISSAIRES-PRISEURS
rue de Rivoli, 144.

1861

ORDRE DE VACATION

Première Vacation. Le   Janvier.

Estampes........................	nos 1 à 99
—	203 à 260
Supplément...................	399 à 419
Portraits........................	232 à 317

Deuxième Vacation. Le   Janvier.

Estampes........................	nos 264 à 281
—	100 à 202
Suppplément...................	420 à 437
Catalogues.....................	318 à 341
Dessins.........................	342 à 396

CONDITIONS DE LA VENTE

Elle sera faite au comptant.

Cinq pour cent en plus des enchères, applicables aux frais.

DÉSIGNATION
DES
ESTAMPES

1. **Aldegrever** (Henri). Histoire de Suzanne (B. n. 31). Mutius Scevola (69). Thisbé (102). Trois pièces. — 4 Loi.
2. — Martin Luther, 1540 (184). Aldegrever, âgé de 28 ans en 1530 (188). Deux pièces. — 4.50
3. — Alphabet romain, 1535 (250). — 4.50 Loi
4. — Des enfants qui veulent précipiter deux de leurs compagnons dans un puits (267). Pièce anonyme dans le goût d'Aldegrever. Deux pièces. — 1
5. **Amato** (François). Sainte Famille, n° 1. — 2.25 Rochoux
6. **Almeloven** (Jean). Paysage (30). — 1 Loi.
7. **Anonyme allemand**, XVᵉ SIÈCLE. La Vierge, l'Enfant Jésus et une jeune sainte. Petite pièce ronde.
8. **Vieux maître anonyme**. Christ mis au tombeau par la Vierge et saint Jean.
9. **Anonyme**, XVIᵉ SIÈCLE. Allégorie. Un homme endormi auquel apparaissent la Justice, la Sagesse et la Force.
  — 1.25
10. — Portrait de Raphaël.
11. — Dans un paysage, un berger endormi près de son troupeau. Composition dans le goût du Titien, sans aucune marque. — 1.25 Guichardot
12. — Deux pièces d'après le Titien et le Carrache. — 1 Guichardot

13 — La Nativité. Pièce d'après le Parmesan. Elle est sans marque.

14 **Anonyme de l'école de Marc-Antoine.** Saint Pierre déclaré chef de l'Eglise (6). Cette pièce est gravée dans le goût d'Augustin Vénitien.

15 **Inconnu flamand.** Pygmalion amoureux de sa statue. Marqué *PAar. m. et fe. AD 15*.

16 **Ardell** (James Marc). Jacob, fils de William Bouverie, d'après Reynolds, 1757.

17 **Audouin** (Pierre). Angelica Kauffmann, peinte par elle-même.

18 **Augustin Vénitien.** Le jeune héros près de l'autel (483). Belle épreuve.

19 — La Barque, d'après Raphaël (473). Belle épreuve rare.

20 **Backuysen** (Louis). Marines, n°ˢ 3, 6, 7, 8, 9 et 10. Six pièces belles épreuves, avec grandes marges. Cet article sera divisé en six lots.

21 **Bargas** (A.-F.). La Mariée conduite à l'église, et Vue d'un village. Deux pièces d'après Bout. Belles épreuves.

22 **Barocche** (Frédéric). Saint François stigmatisé (3), et copie de la Vierge assise.

23 **Baudet** (Étienne). Sainte Famille dans un ovale. 1ʳᵉ épreuve avant la lettre et avec l'adresse : *Se vend au faubourg Saint-Antoine.*

24 **Bayeu** (R.), graveur espagnol. Saint Jérôme, d'après Ribera. Pièce à l'eau-forte.

25 **Bayarol** (Paulus), *fecit*. Des Armuriers. Jolie pièce d'un graveur peu connu

26 **Beauvarlet** (Jacques-Firmin). Le Départ et le Retour du petit courrier. Deux charmantes estampes d'après Boucher, épreuves avant la lettre. Rares.

27 **Béga** (Corneille). La Famille (21). La jeune Aubergiste (33). Deux pièces à l'eau-forte.

28 **Beich** (François). Suite de paysages, de sites agrestes, gravée à l'eau-forte. *Jeremias Wolf excudit.* Six pièces, belles épreuves.   4-9

29 **Berghem** (Nicolas). Cinq sujets d'animaux en hauteur. Suite de cinq estampes. A la première, n° 1, on lit : *Berghem fecit 1652. Justus Danckerts excudit.* État inconnu à Bartsch. Très-belles épreuves sur papier à la folie. Rares.   20

30 — Têtes de bouc, n. 17 et 18. Belles épreuves.

31 **Bettelini.** La Vierge et l'Enfant Jésus, d'après Louis Carrache. Belle épreuve.   1

32 **Blot** (Maurice). Portrait de François Mazzuoli, dit le Parmesan, d'après lui-même. Première épreuve d'artiste avant toute lettre.   1

33 **Bolswert** (Schelte à). Adoration des rois, d'après Rubens. Titre : *Et procedentes...* etc. Belle épreuve du 1er état, avec l'adresse de *M. V. Eden*.   7 Marmontel

34 — Ascension de Notre Seigneur, d'après Rubens. Titre : *Videntibus...* etc. Belle épreuve du 1er état, avec *M. V. Eden*.   10 Fatou

35 — La Sainte Trinité, d'après Rubens. Belle épreuve avec l'adresse de *Martin Van den Eden*.   21 Fatou

36 **Bonasone** (Jules). La Naissance de saint Jean-Baptiste (76). 1re épreuve avant l'adresse de Lafréry. Très-rare.   46

37 — La Naissance de saint Jean-Baptiste (76). Belle épreuve.

38 — Sainte Famille, d'après Jules Romain. Belle épreuve d'une pièce rare.   19 Fatou

39 — Europe changé en taureau par Jupiter (109). Belle épreuve.   Daulos

40 — L'Education de Jupiter par les Corybantes, qui lui font boire le lait de la chèvre Amalthée (107). Pièce sans marque. Belle épreuve.

41 — Un jeune homme combattant contre un monstre marin (178). On croit Bonasone l'inventeur de ce morceau. Belle épreuve.

42 **Bonnejonne.** Une Femme assise, entourée de trois enfants, d'après le Primatice. Pièce sans marque de l'Ecole de Fontainebleau.

43 **Cabel** (Adrien Van der). Frontispice au terme du dieu Pan (1), 1er état avant la lettre. La Baigneuse (2). La Fuite en Égypte (6). Les Bergères endormies (8), 1er état avant la lettre. Quatre pièces.

44 **Callot** (Jacques). Portrait de Callot, d'après Van Dyck. Autre portrait par Michel Lasne, et la copie de la suite d'Odieuvre.

45 — Massacre des Innocents, 1re planche (5), 1er état avant la lettre. Rare. La 2e planche, 2e état.

46 — Les Mystères de la Passion, Prise de Jésus, Jésus devant Pilate, la Flagellation (32), Couronnement d'épines, Jésus montré au peuple, Portement de croix (33). Le Calvaire (34). Visitation, Adoration des rois et des bergers (36), plus trois doubles. Hommage du petit saint Jean (93). Ascension (95), 1er état. L'Assomption au chérubin (99). Copie.

47 — L'Enfant Jésus (3). Ecce Homo (7), 3e état. La grande Passion (12, 13, 17 et 18). La petite Passion (20, 22, 25, 26 et 27). Le Martyre des Apôtres (120 à 135). Saint Sébastien (136 et 137). Femme voilée (166). Trente pièces.

48 — Les Mesureurs de grains (52). Très-belle épreuve.

49 — Saint Jean écrivant l'Apocalypse (102). Belle épreuve signée *Mariette*, 1619; plus la copie en contre-partie.

50 — La Tentation de saint Antoine (138). Belle épreuve avant le trait échappé, plus une copie.

51 — Les Martyres du Japon (155). Les Tableaux de Rome (184, 185, 186, 188, 189, 189, 191, 193, 194, 195 et 196). — *7.75*

52 — Les images de tous les saints (302 à 485), seulement 86 pièces de cette suite, 1ᵉʳ état. — *1.50*

53 — Les Misères de la guerre (nᵒˢ 564 à 581). Dix-huit pièces, le nᵒ 7 est copie. — *8.50 Rochoux*

54 — Les Misères de la guerre (564 à 581), suite de dix-huit pièces (manque le nᵒ 7, et le nᵒ 13 est une copie; le nᵒ 8 est double). — *2.75*

55 — Une autre suite, moins les nᵒˢ 3 et 7, et les nᵒˢ 8 et 11 sont copies; le nᵒ 8 double. — *3 Rochoux*

56 — Le Parterre de Nancy (622), 1ᵉʳ état avant l'adresse de Silvestre. — *2.50*

57 — Les Supplices (665), 3ᵉ état, avant l'adresse de Silvestre. Avec grande marge. — *1*

58 — Entrée solennelle de l'archiduchesse Marguerite d'Autriche dans la ville de Ferrare (440, 441, 442, 443, 444, 445, 446, 447, 448, 450, 452, 454). Douze pièces. Très-rare. — *7.50*

Cette suite est composée de 29 pièces dont 15 gravées par Callot, les autres par Tempeste.

59 — Les Trois Pantalons (627, 628 et 629), un du 1ᵉʳ état. Gueux (704 et 707), 1ᵉʳ état. Tragédie de Soliman (439). Les Deux Pantalons, le Bataillon, le Jeu de boules. Titre Fiesole, etc. *Varie figura in J. Callot* (730 à 746). Suite de dix-sept pièces, copies. En tout 27 pièces. — *9.50*

60 — Les Bohémiens (669 et 670), plus le nᵒ 668 copié. Vue de Paris (712). Deux épreuves d'un deuxième et cinquième état. La Noblesse française (674, 675, 676, 678, 683, 684). Onze pièces. — *10.50 Rochoux*

3   61 — Combat à la barrière (492 à 503), suite de onze planches (manquent 494, 502 et 503). Bordures du grand siége (512, 513, 517, 523, 526, 527 et 528). Dix-sept pièces, plus les explications du siége de Breda.

4.25   62 — Principaux faits du règne de Ferdinand Ier, de Médicis, grand-duc de Toscane (536, 539, 540, 542, 543, 545 et 548). Sept pièces, plus une double.

2.75   63 — La dernière planche gravée par deffunt Callot à laquelle l'eau-forte n'a esté donnée qu'après sa mort. Pièce dite la Petite Treille. Rare.

1.25   63 bis. — Neuf paysages de la suite des douze Vues des environs de Florence (1056 à 1067).

2.75   64 — Dix-neuf pièces doubles des pièces ci-dessus.

1.25   65 **Canaletti** (Antoine). Vue de Venise, gravée à l'eau-forte.

1.75   66 **Cantarini, dit le Pesarèse** (Simon). La Fortune (34). Très-belle épreuve.

1.75   67 **Canot** (P.-C.). Une Marine, d'après Backuysen. Épreuve avant la lettre.

1   68 **Caraglio** (Jacques). Hercule et le centaure Nessus (45). Les Amours de Cérès et Vulcain, copie. Opis, copie. Trois pièces.

1.75   69 **Carpioni** (Jules). La Vierge lisant (5), 1er état avant l'adresse de Cadorin.

1   70 **Carrache** (Augustin). Saint François en extase (67). Saint Jérôme (75). Copie en contre-partie non décrite.

          71 — Jean-Gabriel Sivel, fameux par son talent de représenter lui seul toute une comédie, en changeant d'habits et d'inflexion de voix. Dans la marge du bas, les lettres P. F. S. État non mentionné par Bartsch.

1.50   72 — La Vierge protégeant deux confrères, d'après Paul Véronèse (105). Belle épreuve.

73 — Saint Jérôme (75). Belle pièce terminée par Briccio. *de Langalerie*

74 **Carrache** (Annibal). Suzanne (1), copie. Le Christ Craprarole (4), copie ; avec la date 1598. La Vierge aux anges, de Louis Carrache (2). copie. Ces trois pièces sont en contre-partie et non décrites.

75 — La Magdeleine (16), 1ᵉʳ état, avant les lettres P. S. F.

76 **Chérubin Albert**. Les peintures de la chapelle Sixtine, au Vatican, faites par Michel-Ange Buonarotti. Suite de six pièces, les Sibylles et Prophètes. Cette suite est rare.

77 **Chevillet**. Portrait de Louis d'Orléans, grand-père du roi Louis-Philippe. Épreuve avant la lettre. Rare.

78 **Cochin le fils** (Charles-Nicolas). Suite de seize grandes estampes représentant les conquêtes de l'empereur de la Chine, avec l'explication des sujets, les noms des missionnaires qui ont fait les dessins et des graveurs qui les ont gravés sous la direction de Cochin et Le Bas (1). Plus quatorze épreuves d'eau-forte.

L'année trentième de son règne, l'empereur de la Chine *Kien-Long* donna un décret, daté du 13 juillet 1765, par lequel il ordonna qu'il serait envoyé en France seize dessins des victoires qu'il avait remportées dans le royaume de *Chanagar* et dans les pays mahométans voisins, pour être gravés par les plus célèbres artistes. Ces dessins furent remis par M. de Mercy, le 31 décembre 1766, à M. le marquis de Marigny, et la direction de ces gravures fut confiée à M. Cochin. Cet ouvrage ne fut terminé qu'en 1774, et les planches, avec cent exemplaires qu'on en tira, furent envoyées à la Chine (elles périrent dans la traversée); il n'en fut réservé qu'un très-petit nombre pour la famille royale et la bibliothèque du roi, ce qui a rendu cette suite de la plus grande rareté. Deux exemplaires furent vendus chez M. le marquis de Marigny en 1781, l'un relié, au prix de 730 fr., et le second en feuilles, 720 livres.

(1) Ces graveurs sont *J. Aliamet, Choffard, Cochin, N. Delaunay, Le Bas, Masquelier, Prevost et Saint-Aubin.*

— 10 —

79 **Culmbach** (Jean de). Jésus-Christ couronné d'épines (5).

80 **Dé** (Le Maître au). Saint Roch (15). Le Triomphe de Scipion (74).

81 **Decamps** (D'après). Les Joueurs de boules, gravé en manière noire. Épreuve avant la lettre.

82 **Denon** (Vivant). Une suite de croquis et fantaisies, Bacchanales, Fêtes à Priape, etc. 22 pièces libres gravées à l'eau-forte, rares.

83 **Diepenbeck** (Abraham). Le Berger et l'âne. Copie en contre-partie.

84 **Dietricy** (Christian-Ernest). Paysage à l'eau-forte dans le goût de Salvator Rosa. 1er état avant que le rameau d'arbre qui tombe sur la pierre ait été effacé pour faire le titre de l'œuvre. Très-rare.

85 **Dolendo** (Barthélemy). Juste Lipse à l'âge de 43 ans, en 1597.

86 **Drevet** (Pierre). De Tressan, archevêque de Rouen, implorant la Vierge. Jolie pièce, dite le *Petit Bréviaire*. Chef-d'œuvre de gravure. Très-belle épreuve sans aucune lettre. Rare.

87 **Durer** (Albert). Adam et Eve (B. 1). Copie en contre-partie, par un vieux maître italien. Très-rare, non décrite par Bartsch.

88 — Crucifix (B. 23). Copie en contre-partie; elle est sans marque.

89 — La Vierge au singe (42).

90 — Les cinq Disciples de Jésus (46 à 50). Suite de cinq estampes. Belles épreuves.

91 — Saint Jérôme dans sa cellule (B. 60). Belle épreuve d'une jolie pièce.

92 — Triton ravissant Amymone, une des cinquante filles de Danaüs, par ordre de Neptune (71). Belle épreuve.

93 — La Mélancolie (74). Belle épreuve d'une pièce estimée du maître. *35*

94 — Le Cheval de la Mort (B. 98). Copie A. Autre copie en contre-partie que ne décrit pas Bartsch. On y voit à droite la tablette sans le chiffre, mais avec l'année 1564, et dans le haut, à gauche, on lit : Æ 15. *8.50*

95 — Le Canon (99). Belle épreuve. *4.50*

96 **Dusart** (Corneille). Le Violon assis (15). Très-belle épreuve. — Le Mois de juin, pièce en manière noire. *13.50 Guichardot*

97 **Dyck** (Ant. Van). Antoine Triest, évêque de Gand. Estampe terminée par Pierre de Jode. Belle épreuve avec l'adresse de *Martin Van den Eden.* *2.75 Guichardot*

98 **École allemande.** Le Couronnement d'épines. Copie d'une estampe de Martin Schongauer par un maître à monogramme figuré. Inconnu à Bartsch et à Brulliot. Rare. *1*

99 — La Résurrection de Jésus-Christ. Pièce marquée F. T., 1573, la seule connue de ce maître. Rare.

100 **École de Fontainebleau.** Deux statues antiques dont à droite une de femme romaine ; ses cheveux tombent en natte de chaque côté de sa poitrine et elle relève sa robe de chaque main. A gauche est un homme coiffé d'un bonnet phrygien. Pièce rare, non décrite. *10 Cl*

101 Vulcain et les Cyclopes (B. 4), 1er état avec les mots : FONTANA BLEO. BOL. *12 Lesoufacher*

102 **Ecole de Fontainebleau.** Anonyme non décrit par Bartsch. Quatre Nymphes se baignant ; dans le fond, à gauche, un Satyre soulève une draperie ; sur le devant, à gauche, un beau vase ; à droite, une coupe. Cette pièce gravée dans le goût de René Boyvin. Belle épreuve rare. *11 Cl. 15 Lesoufacher*

— 12 —

104 — Nymphe près d'une tente, un Satyre soulève la draperie qui la couvre. Pièce libre, d'après Jules Romain; elle est non décrite.

105 — Les Troyens introduisant le cheval de bois dans leur ville (nº 45 des anonymes).

106 — Ruggieri (Guido). Un jeune homme porté entre les bras de deux autres hommes et d'une femme, précédés de joueurs d'instrument, d'après le Primatice (B. vol. 15). Très-belle épreuve.

107 **Everdingen** (Albert Van). Les fontaines d'eau minérale (95-98). Suite de quatre estampes, à l'eau-forte.

108 **Edelinck** (Gérard). Claude Mellan, graveur. Belle épreuve.

109 **Ertinger** (François). La colère d'Achille, d'après Rubens.

110 **Eynhouedts** (Remoldus). Saint Grégoire, pape, d'après Rubens (Basan, nº 4 des Saints).

111 **Faithorne** (William). La ligue des langues. Tête de mort gravée en manière noire, d'après Champagne. 2 pièces.

112 **Falda** (Jean-Baptiste). Cavalcade à Rome pour la réception de l'ambassadeur d'Espagne, en 1674.

113 **Fisinger** (G.). Kosciusko, général polonais, d'après Grasse, 1ᵉʳ état avec l'adresse de Jaufret. Desaix, d'après J. Guérin, épr. avant l'adresse de Renouard. 2 portraits.

114 **Fock.** Paysage gravé à l'eau-forte, très-belle épreuve avant tous noms.

115 **Franco** (Batista). Melchisedech offrant du pain et du vin à Abraham (5).

116 **Frey** (Jacques). Sainte Famille, composition dite le Ménage du Menuisier, d'après Rembrandt. Épreuve d'artiste avant la lettre. On lit : *Frey aqua forti*, 1803, tracé à la pointe.

117 **Gauermaan**. Jésus et les pèlerins d'Émaüs, dans un paysage, épreuve avant la lettre. Rare. — 1.50
118 **Gaywood** (R.). Portrait de Justus Lipsius. P. Stent exc. — 1
119 **Gennet** (Jean). Antoine Zara, évêque, à l'âge de quarante ans, d'après Hector Vicelius. Très-belle ép. — 1/3 Cl.) Rochoux
120 **Gheyn** (Jacques de). Charles Clusi. Belle épreuve. — 1.25
120 bis. — Le Lion, belle épreuve. Rare. — 1
121 **Glauber** (Jean). Le Baptême de Saint Jean, d'après Gérard de Lairesse. Belle épreuve. — 1
122 **Goltzius** (Henri). Portrait de femme (213). Très-belle épreuve. 2 pièces. — 5.50
123 **Gronswelt** (Jean). Jésus devant Pilate, gravé d'après le tableau d'André Schiavone, de la galerie d'Orléans. Très-belle épreuve. — 2.25
124 **Gronswelt** (Jean). Le Concert, d'après le Titien. — 1
125 **Griffier** (Jean). Les Autruches, d'après Barlow. E. Cooper exc. — 1
126 **Guide** (Guido Reni, dit le). Jésus-Christ mis au Tombeau, d'après le Parmesan (46). Une copie de cette estampe en contre-partie et non décrite. — Plus Saint Simon (11), par le Maître, marqué F. P., et les copies des nos 2, 7 et 8 des Apôtres. En tout 5 pièces. — 1 Lou.
127 — Saint Roch distribuant son bien aux pauvres, d'après Annibal Carrache (52). Deuxième planche pour les funérailles d'Augustin Carrache (55). — 6
128 **Guillemot**. Portrait de Michel-Ange. Autre portrait du même, par Galli. 2 pièces.
129 **Hackert** (George). Le Midi, d'après Gaspard Poussin.
130 **Hagedorn** (1744). Quatre paysages à l'eau-forte. — 1
131 **Hainzelman** (Élie) (1679). Léonard Weiss, conseiller de Léopold, d'après J. Verner. André Hoff, d'après D. Preisler. 2 pièces.

132 **Herhan** (Mme Élisabeth). Le général Moreau, d'après la miniature de Jean Guérin. 1er état avant l'adresse de Renouard.

133 **Hollar** (Wenceslas). Pierre-Paul Rubens. *Hollar fecit. F. van den Wyngaerde ex.* Belle épreuve.

134 — Lord Denny, d'après Holbein. *Hollar fecit*, 1643. Buffalmaco, peintre vénitien. 2 pièces. Très-belles épreuves.

135 — Cinq têtes, d'après un dessin de Léonard de Vinci, de la collection Arundel. *Hollar fecit*, 1646. Saint George, d'après Albert Durer. *Hollar fecit*, 1642. 2 pièces.

136 — Élisabeth de Villiers, duchesse de Lenox, d'après Van Dyck. Belle épr. avant que l'adresse de Meyssens ait été effacée.

137 **Hopfer** (Jérôme). Le Jugement de Pâris (34) Copie d'un morceau en bois, de Lucas Cranach. Belle épr. avant le numéro.

138 **Jode** (Pierre). Ferdinand III, empereur d'Allemagne, d'après Van Hulle. Épreuve avant la lettre.

139 **La Belle** (Étienne de). Deux paysages avec figures, nos 5 et 6 du no 189 du Catalogue.

140 **Langlois** (P.-G.). Le Dominiquin, peint par lui-même, épr. avant la lettre. Karel Dujardin, peint par lui-même, épreuve avant la lettre.

141 **Larmessin** (Nicolas). Portrait de Carondelet, d'après Raphaël.

142 **Lasne** (Michel). Le portrait de Callot.

143 **Lautensack** (Hans Sebald). Une Bataille (20), 1546. Rare.

144 **Lauwers** (Nicolas). La Tabagie, d'après G. Segers. Cette estampe fait le pendant du Reniement de saint Pierre, par Bolswert. Belle épreuve.

145 **Le Bas** (J.-Ph.). Vue de Schevelinge, d'après Van der Neer.

146 **Lefebre** (Valentin). La Vierge, l'Enfant Jésus et plusieurs Saints, d'après le Titien. — 1
147 **Lioni** (Octave). Frère Antoine Barberin, de l'ordre de Malte (15). — 1.25
148 **Lucas de Leyde**. Pyrame et Thisbé (135). Belle épreuve d'une jolie pièce. — 5
149 — L. D. 1528. Une exécution. Trois militaires sont pendus à un grand arbre. Pièce non décrite par Bartsch, qui ne décrit qu'une pièce de ce maître, datée de 1529 (voy. 9ᵉ vol., p. 82). — 5
150 **Mantegne** (André). Combat de Dieux marins (18). — 2 Cl.
151 — Hercule et Anthée (16). — 5 Cl.
152 **Mantuan** (George Ghisi, dit). Statue d'Hercule. Belle épreuve. — 1.25
153 — La Calomnie accusant l'Innocence devant le tribunal d'un juge ignorant (64). Belle épreuve. — 1 Danlos
154 **Marais**. Portrait de Mieris, d'après lui-même. Deux épreuves, une avant la lettre. — 1
155 **Marc-Antoine Raimondi**. Le Massacre des Innocents (29). Première planche dite au chicot. Épreuve très-faible, mais avant l'adresse de Salamanque et avant toute retouche. — 5.50
156 — La Descente de Croix (32), d'après Raphaël. Épreuve avant la retouche et avant l'adresse de Salamanque. — 3.25
157 — La Vierge assise sur les nues (47). Copie A. — 1.50
158 — Alexandre faisant serrer les livres dans la cassette d'Homère (207). Epreuve avant l'adresse de Salamanque. — 1
159 — Jugement de Pâris (245), d'après Raphaël. Épreuve faible avant la retouche et l'adresse de Salamanque. — 3
160 — La même estampe avec l'adresse, et retouchée. — 1
161 — Vulcain, Vénus et l'Amour (326). Belle épreuve. — 1.75

— 16 —

2.50   162 — Pan et Syrinx (325). Pièce libre. Belle épreuve de la copie ; elle vient du cabinet Donnadieu.

> Bartsch dit : « Cette copie étant d'une si grande perfection a été souvent prise pour l'originale. Nous la croirions nous-même une répétition faite par Marc-Antoine, si nous pouvions nous persuader que ce grand maître se soit jamais répété ou copié lui-même.

15 cl.   163 — Silène soutenu par deux Satyres (222). Danse d'Amours (217). Copie C. Le vieux Berger et le jeune homme (366). Copie. Le Berger et la Nymphe couchée (429). Copie B. 3 pièces.

1   164 — La Poésie (382), d'après Raphaël. Copie avec la date de 1542 ; elle n'est pas mentionnée par Bartsch. Belle épreuve.

6 Pelletier   165 — La Charité (386). Belle épreuve.

5   166 — Les deux Femmes au zodiaque (297). Belle épr.

3 cl.   167 — La Femme en méditation (445). La seconde répétition. Belle épreuve rare.

168 — L'Homme au drapeau (482). Répétition par Augustin Vénitien. Belle épreuve.

169 — La Femme pensive (460). Copie A.

1   170 **Mariage et Masquelier.** Trois portraits de Jules Romain, de Lanfranc, Le Cigoli, d'après eux-mêmes. Epreuves avant la lettre. Plus un Ecce Homo, d'après Cigoli.

10 cl.   171 **Maître au Caducée.** La Victoire et la Renommée. Copie par le Maître au monogramme, décrit par Bartsch, vol. 8, p. 544. Belle épreuve. Très-rare.

1   172 **Matham** (Théodore). Un Musicien, d'après Terburg.

1.25   173 **Matham** (Jean). Le petit Saint Jean, d'après Goltzius. Belle épreuve.

10   174 **Mecken** (Israël de). Le Grand Prêtre refusant l'offrande de Joachim (30).

175 **Mellan** (Claude). Frontispice pour une Bible, un Virgile, etc. 3 pièces, d'après N. Poussin. Epreuves rares avant la lettre.

176 **Merian** (Mathieu). Louis XIII, roi de France, dans un ovale entouré de batailles.

177 **Meyeringh** (Albert). Paysage. La chute d'eau (13). Belle épreuve.

178 — **Monogramme F. G.** Vulcain et les Cyclopes (4). Belle épreuve.

179 — Les deux Génies et la Lionne (8). Rare.

180 **Montcornet excudit**. Balthazar-Robert Vinot, composeur de sauce. Rare.

181 — Le bienheureux maistre Jean Clément, le coustellier, l'exterminateur des hérétiques, etc. Rare.

182 **Moreau le jeune**. N'ayez pas peur, ma bonne amie. Epreuve d'eau-forte.

183 **Moyreau** (Jean) (1727). François Lechassier, docteur à la Faculté de Paris, d'après frère André, dominicain.

184 **Nanteuil** (Robert). Le cardinal Mazarin (R D. 184). Très-belle épreuve du 1er état.

185 **Nicoletto de Modène**. Panneau d'ornement (56). Rare.

186 **Nielle**. Neptune et Amphitrite. Pièce ronde libre.

187 **Nolpe** (Pierre). Tobie et l'Ange, d'après Pierre Potter. Pièce rare.

188 **Olmutz** (Wenceslas d'). La Résurrection (15). Rare.

189 **Os** (P.-G. Van). Etudes de vaches, suite de 6 pièces gravées à l'eau-forte. Très-belles épreuves.

190 **Ossemberg** (J. van). Le Bouc et la Chèvre (18).

191 **Ostade** (Adrien). Le Charcutier (41). Ancienne épreuve.

192 **Parmesan** (François Mazzuoli, dit le). La Sépulture (5). Épreuve retouchée au burin.

193 **Parrocel** (Joseph.) Les Mystères de la vie de Notre Seigneur Jésus-Christ. 13 pièces.

194 **Perrier** (François) (1633). Nativité (R D°), d'ap. S. Vouet.

195 **Persinius** (Reg.). Portrait de l'Arioste dessiné par Joachim Sandrart, d'après le Titien.

196 **Pigeot**. Descente de croix, d'après Rubens. Vierge au donataire, d'après Raphaël. Communion de saint Jérôme, d'après le Dominicain. 3 pièces. Épreuves d'artistes avant la lettre.

197 **Pitau** (Nicolas). Portrait du Dauphin, fils de Louis XIV.

198 **Po** (Pierre del). La sainte Vierge apparaissant à sainte Françoise, d'après N. Poussin.

199 **Pompadour** (Madame de) (1752). Bacchanale, gravée d'après un ivoire du cabinet du marquis de Menars.

200 **Preissler** (Jean-Martin) (1744). Cardinal de Bullion, d'après H. Rigaud.

201 **Preissler** (Martin), graveur du roi à Copenhague (1751). Jacob Benzelius, évêque.

202 **Raimbach et autres graveurs anglais**. Vignettes pour Gilblas, d'après Smirke. 15 pièces sur papier de Chine.

203 **Rembrandt**. Portrait de Rembrandt, l'écharpe au cou (17). Belle épreuve.

204 — Portrait de Rembrandt, en ovale (23). Belle épreuve.

205 — L'Ange qui disparaît devant la famille Tobie (13). Première épreuve avant quantité de travaux sur toute la composition pour lui donner plus d'effet. Très rare.

206 — La même. Deuxième épreuve plus retravaillée.

207 — Abraham avec son fils Isaac (34). Belle épreuve avec barbe de la planche. *38 Hulot*

208 — Le Triomphe de Mardochée (40). Belle épreuve d'une jolie pièce. *17 Loi.*

209 — L'Adoration des bergers (46). Très-belle épreuve sur papier à la folie. *3.25*

210 — Les Disciples d'Emaüs (87). Très-belle épreuve sur papier à la folie. *5.50 Guich.*

211 — Le Baptême de l'Eunuque (98). Très-belle épreuve. *3.25*

212 — Gueux assis (174). Trois copies, dont une tellement trompeuse qu'elle a toujours été prise pour l'original. *Cabinet Debois*. *13. Hulot*

213 — Femme nue assise sur une butte (198). Très-belle épreuve. Rare. *Collection Mariette* (1674). *37*

214 — Femme nue les pieds dans l'eau (200). Belle épreuve sur papier du Japon. *19. Hulot*

215 — Vénus au bain (201). Très-belle épreuve d'un morceau rare. *58 Rochoux*

216 — Jean Asselin, peintre (277). Belle et ancienne épreuve. *4.50 Danlos*

217 — Homme avec chapeau à grand bord (34). Belle épreuve. *20*

218 — Vieillard à barbe carrée (313). Belle épreuve. *21 Hulot*

219 — La petite Mariée juive (341). Belle épreuve d'un morceau rare. *Cabinet Debois*. *19 Hulot*

220 **Ribera dit l'Espagnolet** (Joseph). Saint Jérôme (3). Silène (13). Une épreuve et la contre-épreuve du premier état. *2*

221 — Repos en Égypte, d'après Saraceno. Première épreuve d'un état inconnu à Bartsch, elle est avant le monogramme et l'adresse de *Franc Wyngaerde*. Très-rare.

222 **Ridinger** (Elias). Grand-Duc de Russie. Études de cerfs. 3 pièces. *1*

— 20 —

[margin: 12 Hulot] 223 **Roos** (Henri). Suites d'animaux gravés à l'eau-forte. Nos 19, 20, 21, 22, 24, 25, 27, 28, 29. 9 pièces.

[margin: 9.50] 224 **Robetta**. Adam et Ève, et leurs deux enfants (4).

[margin: 20 Hulot] 225 — L'Homme attaché à un arbre par l'amour (25).

[margin: 11] 226 **Rodermont**. Jean Second, poëte (79). Deux morceaux anonymes de l'école de Rembrandt et deux pièces de l'école de Rembrandt.

[margin: 4 Hulot] 227 **Romanet** (1783). Portrait de Louis XVI. Épreuve avant la lettre. Rare.

[margin: 1] 228 **Rosa** (François) (1663). Des Anges enlevant au ciel la sainte Vierge (2). Ce maître n'a gravé que trois pièces. Elles sont rares.

[margin: 1.50] 229 **Rota** (Martin). Jugement dernier d'après Michel-Ange. Épreuve du deuxième état. Rare.

[margin: 1] 230 **Rotari** (P. comte de). Saint-Louis de Toulouse, peint et gravé par ce maître.

[margin: 4] 231 **Rousselet** (Egides). Sainte-Famille, d'après Raphaël. Très-belle épreuve avant toute adresse.

232 **Salvador Carmona** (Emmanuel) (1757). *Sancta Virgo*. La Vierge et l'Enfant-Jésus, d'après le tableau de Van Dyck du cabinet du comte de Vence.

233 — La Vierge, Jésus et saint-Joseph, d'après le tableau de Murillo au Musée de Madrid.

[margin: 3] 234 **Sadeler** (Egide). Portrait du peintre Spranger et de sa femme.

[margin: 7.50 Rochoux] 235 **Sadeler** (Raphaël). Effigie de la Vierge et miracle obtenus par son intercession. Belle épreuve.

[margin: 1 Hulot] 236 **Schley delineavit et sculpsit**. L'Imprimerie descendant des cieux est accordée par Minerve et Mercure à l'Allemagne, qui la présente à la Hollande, l'Angleterre, l'Italie et la France. On remarque les portraits des plus célèbres imprimeurs.

237 **Sadeler** (Raphaël). Allégorie à la mort. Pièce curieuse pour les costumes, d'après Jean Stradan. Très-belle épreuve. — 2

238 **Salvator Rosa**. Albert, compagnon de Saint-Guillaume (2). — 3

239 **Saint-Aubin**. Perronneau, peintre, d'après N. Cochin. Épreuve avant la lettre. — 2.25

240 **Schiavone** (André). Panneau d'ornement (31). Pièce à l'eau-forte. *10 Lesoufacher* — 10

241 **Schmidt** (George-Frédéric) (1773). Vierge, enfant Jésus et saint Jean, d'après Van Dyck. Belle épreuve. — 4.50 *Hulot*

241 bis, — Jeune Fille tenant un chien, d'après G. Flinck. — 3.50 *Hulot*

242 **Schongauer** (Martin). Saint Jean l'évangéliste (55). Belle épreuve rare. Elle est doublée. — 49 *Hulot*
    Copie en contre-partie, elle est sans marque et non décrite par Bartsch.

243 — Vierges folles, nos 83, 85. 2 pièces rares. — 36 *Hulot*

244 — Vierge sage, no 79. Copie sans marque, en contre-partie, par un vieux maître. — 2.50

245 **Sibmacher** (Johan), graveur de Nuremberg. Titre des statues de J. Boissard. Très-belle épreuve non décrite. — 1.50

246 **Smith** (Jean). Catherine, reine d'Angleterre, de France et d'Irlande, d'après Wissing. — 1.25

247 — The Lady Copley, d'après Kneller. Épreuve avant la lettre. — 3

248 — Le Prince de Galles et la Princesse sa sœur, gravé en manière noire, d'après Largillière. — 5 *Hulot*

249 — The Comtess of Rutland, d'après G. Kneller. Très belle épreuve, — 3.75 *Roberson*

250 **Stella** (Claude). Jacques Stella, premier peintre du roy, d'après lui-même. — 2.25 *Hulot*

251 **Suyderhoëff** (Jonas). La Cène, d'après Léonard de Vinci, dessinée par Rubens. Belle épreuve avec l'adresse de *Clement de Jonghe excudit*.
[40 Fatou]

252 — Portrait d'Isabelle-Claire-Eugénie, infant d'Espagne, d'après Rubens. Très-belle épreuve.
[5.50 Rochoux]

253 **Swanevelt** (Hermann). Vénus, trouvant Diane endormie, lui dérobe Adonis. Très-belle épreuve avec les mots *Fecit et Excndit*.
[2.25 Hulot]

254 **Steen** (François van den). Marche de Silène, d'après Rubens. Belle épreuve.
[1.50]

255 **Tardieu** (Ambroise). Mme Élisabeth de France, sœur du roi Louis XVI.
[1.25 Hulot]

255 bis. **Tempeste** (Antoine). Ordre de la cavalcade qui se fait à Rome lorsque le pape, après sa création, va à l'église de Saint-Jean-de-Latran. Suite de 7 pièces eu forme de frise.

256 — Entrée de Marguerite d'Autriche, dans la ville de Ferrare. 19 pièces. Plusieurs sont doubles.
[1.50]

257 **Ugo da Carpi**. Ananie frappée de mort pour avoir osé mentir contre le Saint-Esprit. Camaïeux, d'après Raphaël.
[5 Hulot]

258 **Unbach** (Jean). Portement de croix. Deux sujets de saint Jérôme. 3 pièces.
[6.50 Hulot]

259 **Utewaël** (Paul). Daphné changée en laurier. Petite pièce d'un maître rare.
[2]

260 **Velde** (Jean van den). Les quatre Éléments, suite de quatre estampes. Premières épreuves avec le mot *excud* à la suite de *J. V. Velde fecit*. Rare.
[3.50 Guich.]

261 **Verboeckhoven** (Eugène) (1833). Des animaux passant un gué. Pièce à l'eau-forte d'après un tableau du maître, dans la galerie de M. Rotschild.
[3 Marmontel]

262 **Villamena** (François). Ivresse de Silène, d'après An. Carrache.
[2 Rochoux]

263 **Vinckeles** (K.). Jeune Hollandaise. Pièce à l'eau-forte. — 1.75 Hulot

264 **Visscher** (Corneille de). Portrait de Bouma. Belle épreuve avec l'adresse : *Johannes Covens en Cornelis Mortier*. Rare dans cet état. — 4.25 Loi:

265 — Le Marchand de mort aux rats. Belle épreuve avec l'adresse de *Clement de Jonghe*. — 3

265 bis. — La Bohémienne. Belle épreuve avec l'adresse de *Clement de Jonghe*. — 5.50 Loi:

266 — Sujets champêtres, d'après Bergham. Suite de 4 pièces. Belles épreuves. — 2

267 **Visscher** (Jean). Scène militaire. Gravé d'après Wouvermans. Belle épreuve du premier état, avec l'adresse de *Cralinge*. — 1.75 Loi:

268 **Vliet** (Jean-George van). Buste d'un oriental, d'après Rembrandt, et n°s 74, 79 de la suite des Gueux. 3 pièces. Belles épreuves. — 1.75 Robertson

269 **Vosterman** (Lucas). Portrait du connétable de Bourbon, d'après le Titien. — 1

270 — Léopold-Guillaume, archiduc d'Autriche, d'ap. Jean van den Hoecke. Belle épreuve. — 2.75

271 — Saint François en extase. Très-belle épreuve. — 5. Rochoux

272 — Thomas Howard, troisième duc de Norfolck, d'après le tableau d'Holbein de la collection Arondel. Belle épreuve d'un beau portrait. — 2.75 Rochoux

273 **Waterloo** (Antoine). Sephora circoncisant son fils (135). Très-belle et rare épreuve sur papier à la folie. — 3.50

274 — Apollon et Daphné (126). Très-belle épreuve sur papier à la folie. — 4.50 Guichardot

275 **Wierix** (Antoine). La Sainte-Famille et sainte Anne. Jolie petite pièce. — 1 Loi:

276 — Philippe, prince d'Orange et de Nassau. Joli portrait. — 1

277 **Wouvermans** (D'après Philippe), vingt-sept tableaux de ce maître, gravé par Moyreau, Lebas, Visscher et autres graveurs. On a annoté à plusieurs de ces estampes les divers prix que les tableaux ont été vendus.

278 **Zagel** (Martin). La Pensée de la mort (17). Belle épreuve d'une pièce rare. Elle est doublée.

ESTAMPES DIVERSES

279 Suite de vingt-quatre figures pour la mythologie, dans le goût de Théodore de Bry.

280 Quatre pièces diverses dont Cheval mort, par Géricault.

281 Sept pièces d'après les tableaux de Cuyp, G. Dow, Lingelback, Metzu, Paul Potter et Van der Helst, Van de Velde, provenant de galeries célèbres.

PORTRAITS

Histoire & Chronologie par les portraits des Souverains de tous les peuples du monde, dite la Chronologie collée:

282 Sommaire et explication de l'origine des favx dievx et deesses du Paganisme. *Paris*, chez Jean Leclerc, 1619. 59 portraits.

283 Jvges, Roys, Princes et Condvctevrs du pevple Hebrev, depvis Adam jvsqve a Herode et Agrippa. 113 portraits.

284 Papes, depuis saint Pierre, apôtre, jusqu'à présent, 1621, avec le temps que chacun d'eux a tenu le siége.

285 Effigies de tous les Papes jusqu'à Grégoire XV, en 1621; le texte seulement jusqu'au n° 51.

286 Empereurs depvis Jvles César jvsqves a present. 147 portraits. — 7.50

287 Empereurs d'Orient avltremenct dicts de Grece ov de Constantinople, depvis 742 jvsqves a present. 76 portraits. — 1.25

288 Imperatrices ov femmes des Empereurs, depuis Cossvtia, première femme de Jules César, jusqu'à présent, tirés des antiques. 149 portraits.

289 Princes et dvcs de Venize, depvis l'an 679 jvsqv'à present, avec un abrégé de leurs vies et gestes. 94 portraits. — 1.50

290 Rois d'Angleterre, depuis Brutus jusqu'à Jacques VI. 137 portraits.

291 Roys d'Espagne, depvis Athanaric, roy des Wisigoths jusqu'à présent. 90 portraits.

292 Reynes d'Espagne, depvis Aznara, femme d'Atanarezo, premier roy, jusqu'à présent, 1622. 93 port.

293 Les roys et reynes de Portugal, depvis Henry, comte de Limbvrg, jusques a Antoine, premier du nom, 18e roy de Portugal. 47 portraits, par Melchior Tavernier. — 1.50

294 Roys de Naples, depvis Rogier, premier du nom, en 1127, jusques a present. 29 portraits.

295 Chroniqves de la vie, mœurs et gestes des dvcs de Brabant, forestiers et comtes de Flandre, par de Fonteny. 78 portraits. — 1

296 Les plus célèbres interprectes du droict romain, tant anciens qve modernes, depvis l'an 1130 jusqve a present. 70 portraits. — 1

297 Poètes latins, pris des médailles antiques, avec leurs vies, depvis Livis Andronicvs a Sidonicus Apolinaris et Michael Marvlle. 96 portraits.

298 Portraits des grands maîtres de l'ordre de Saint-Jean-de-Jérusalem avec un abrégé de l'ordre, de l'an de 1089 à 1616. 53 portraits. — 1

299 Roys de France, depvis Pharamond jvsqves a Lovis XIII, et ce qve chacvn d'evx a regné. 64 portraits.

300 Hommes illustres qvi ont flory en France, depvis l'an 1500 jusqu'à présent, 1600. 144 petits portraits gravés par Léonard Gaultier, avec leur éloge, par Gabriel-Michel Angevin. *Fillon*

301 Chanceliers et gardes-des-sceaux de France, depvis le règne de Merové jvsqve av règne de Louis XIII. 95 portraits avec description par Jacqves de Fonteny.

302 **Goltzius** (Henri). Les Romains illustres par leur valeur, suite de dix pièces (manque un titre).

303 **Custodis** (Dominique). Portraits de souverains, princes, hommes de guerre, légistes de divers pays du Nord principalement d'Allemagne. 84 pièces. 1 vol. petit in-fol.

304 **Kilian** (Wolfgang) (1618). Portraits de personnages allemands aux 16 et 17e siècles, ovales, historiés, plus le portrait en pied de Martin Luther. 8 pièces in-fol.

305 **Kilian** (Lucas, Wolfgang, les), graveurs allemands dans le 17e siècle. Portraits de souverains, princesse, hommes de guerres et d'églises en Allemagne au 17e siècle. 152 pièces. Réunion curieuse pour les costumes.

306 **Heyden** (Jacob Van). Gustave Adolphe, roi de Suède. Portrait équestre.

307 **Furck** (Sébastien). Rois de Suède dont celui de Gustave Adolphe.

308 — Les Nassau, les Électeurs et Prince Palatin, représentés à cheval. 16 portraits, plusieurs gravés par Abraham Hogenber et Greuter.

309 — Jacques VI, roi d'Angleterre, représenté à cheval, dans le fond la ville de Londres, gravé en 1621 par un anonyme.

310 — Charles Emmanuel, duc de Savoie. Portrait équestre par un anonyme, à monogramme.
311 — Réformateurs au 16e siècle, gravés par Meyer, Granthome et autres. 17 pièces. *8.50 Rochoux*
312 — Souverains, Princes régnants de toute l'Europe au 17e siècle, représentés à cheval et avec leurs armoiries. 63 pièces in-8 éditées par E. Keiser. *3.75*
313 — Duc de Milan. Famille des Nassau, etc., et divers autres portraits aux 16 et 17e siècles. 33 pièces. *1.75*
314 — Ferdinand II, par Beham; Albert de Brandebourg, par Durer; Philippe II; Drack, amiral anglais; Edouard; Jacques Ier; Comte Leicester; Gustave, roi de Suède, etc. 16 portraits au 16e siècle. *3*
315 — Dix-sept pièces; Portraits divers; Généalogie de personnages allemands et espagnols et une vue du Palais de l'Escurial. *2*
316 — Duc de Buckingham; Ferdinand II; le Corrége; Richelieu; Lafontaine, etc. 8 pièces. *1*
317 — Portraits de Cardinaux, depuis devenus Papes, avec leurs armoiries. 68 pièces. *1.50*

CATALOGUES DE TABLEAUX, ESTAMPES & OBJETS D'ART

318 Catalogues de Tableaux précieux, Dessins, Curiosités, etc.; dont: *Trouard*, 1779; *Duc de la Vallière*, 1781; *Montullé*, 1783; *Dubois Jouailler*, 1788; *Gros, peintre*, 1788; *Marquis de Montesquieu*; *Baron d'Holbach*, 1789; *Comte d'Orsay*, 1790; *Villers, architecte*, 1812, faits par Paillet, Bazan, Delaroche, Boileau, Le Brun, tous avec prix. Ils sont rares. *4.50*
319 Catalogues de Tableaux précieux, beaux Dessins, Estampes, Curiosités de MM. Coclers et Mentelles, par Lebrun, en 1789, avec prix et noms des acquéreurs. *3*

Idem de M. de Saint-Maurice, par Paillet père, en 1785; de Richard de Ledan, 1816.

2.50 — 320 Catalogue de la célèbre collection de Tableaux de M. Van Leyden d'Amsterdam, par Paillet père et H. Delaroche (1), 1804, avec prix et noms des acquéreurs.

2.50 — 321 Catalogue d'une riche collection de Tableaux, Miniatures, par Petitot; Curiosités, Médailles du cabinet de M. Robert de Saint-Victor, ancien conseiller au Parlement de Rouen, par Roux du Cantal. *Paris*, 1822, in-8, avec prix.

3.50 — 322 Catalogue de Tableaux précieux du cabinet de M. de L. (Lapeyrière), par Henri. *Paris*, 1817.

322 bis. Catalogue de Tableaux précieux de premier ordre et des trois écoles, et de divers Objets de haute curiosité du cabinet de M. de L. (Lapeyrière), par Henri. *Paris*, 1824, in-8 (2), avec prix.

1 — 323 Catalogue des objets d'art qui composent la belle collection de M. Debruge-Duménil, par Roussel, 1849, in-8, avec 4 pl.

323 bis. Catalogue Denon, Antiquités, par Dubois, 1826, in-8, pap. vélin.

4.25 — 324 Catalogues de vente des Tableaux modernes de la galerie du roi Louis-Philippe et de Mme la duchesse d'Orléans, du musée Standisch et de la galerie Espagnole, en 1852, 1853.

(1) C'est le père de Paul Delaroche.

(2) Cet amateur avait précédemment réuni de beaux Tableaux flamands et Hollandais, mais il n'y avait rien des grandes écoles ultra-montaines de Rome, Florence, de Parme, de Venise, de Bologne. Sur la remarque qui lui en fut faite, M. de Lapeyrière vendit ses Tableaux, en 1817, pour former la belle collection de maîtres italiens, que, plus tard, en 1824, des revers de fortune le décidèrent à vendre. Parmi ces tableaux, on remarquait le beau Tableau d'André del Sarte, acheté par M. Laffitte au prix de 45,000 fr.; la Sainte Famille du Corrège payée 80,005 fr., et qui se voit aujourd'hui à la *National Gallery*, à Londres. Il y eut aussi une troisième vente en 1832, au décès de M. de Lapeyrière, où se trouvaient encore quelques tableaux retirés de la vente de 1824, dont celui de Garofolo. Ces deux dernières ventes, dont les catalogues sont rares, ne sont pas décrites au *Trésor de la Curiosité*, par M. Charles Blanc.

325 Catalogue de la curieuse collection d'Estampes de maîtres français du 18e siècle, du *Baron Charles de Vèze*, 1855, — des Livres d'heures, Dessins et Estampes de *Pierre Visscher*, 1852, par Leblanc.

326 Catalogue illustré de la collection des Dessins et Croquis de J.-J. Granville, avec une notice et le portrait de l'artiste. *Paris*, 1853, gr. in-8, fig.

327 **Tableaux.** Dix-neuf catalogues des collections : maréchal Soult, de Morny, Patureau, Abel, Casimir Périer, Louis-Philippe, duc d'Orléans, Collection Standisch, Galerie Espagnole, Paul Delaroche, comte de Turenne, Giroux, Delahante, Baron de Mecklembourg, Collot, etc.

328 **Tableaux, Livres et Curiosités** — Collection du roi Louis-Philippe et du duc d'Orléans. Six catalogues de ventes in-8 dont quatre pour les Tableaux modernes, la Galerie Espagnole et le Musée Standisch, et deux pour la Bibliothèque du Palais-Royal et de Neuilly.

329 **Objets d'art, Antiquités, Curiosités, Émaux, Sculpture, Médailles,** etc. Vingt catalogues des collections : Campion de Tersan, Commarmond, Visconti, Callet, Pradier, Collot, de Guignes, Chare, Mimaut, Dufouleur, etc, de 1819 à 1857.

330 **Objets d'art, Tableaux, Dessins, Estampes, Curiosités.** Quarante-cinq catalogues et notices de ventes et de collections d'artistes Peintres, Graveurs, Sculpteurs et Architectes et membres de l'Académie des Beaux-Arts, de 1835 à 1857.

331 **Objets d'art, Tableaux, Dessins, Estampes, Curiosités.** Cent quatre-vingt catalogues et notices de ventes de cabinets d'Amateurs, de 1835 à 1857, dont quarante pour les Estampes, plusieurs sont doubles.

— 30 —

332 **Objets d'arts, Tableaux, Dessins, Estampes, Livres à figures, Curiosités.** Deux cent vingt catalogues et notices de ventes faites par P. Defer, de 1833 à 1857. On y a joint une liste imprimée.

333 **Dessins anciens et modernes.** Quinze catalogues des collections de Claussin, Vilnave, Dupan, Lenoir, Revil, Griois, Norblin, Granville, etc., de 1838 à 1855.

334 **Estampes.** Catalogue d'une nombreuse collection d'Estampes et de Dessins de grands maîtres après décès de Mme Alibert, par Regnaut Delalande. *Paris*, 1803, in-8.

On trouve dans ce catalogue les collections des portraits de Van Dyck ayant appartenue à Mariette, avec les différents détails indiqués.

335 **Estampes.** Sept catalogues des collections : Legouaz, graveur, 1816; Bervic, 1822; Millin, 1819; Denon, 1826; Van Puten, 1829; Branco Brant, 1830; Wisscher, 1852.

336 **Estampes.** Trente-trois catalogues et notices des collections: Poggi, duc de Rivoli, Robert-Dumesnil, de Magnoncourt, Delessert, Thorel, Maurel, Chevalier S., etc., de 1835 à 1857.

337 **Estampes.** Trente et un catalogues des collections Norblin, Duchesne aîné, Robert-Dumesnil, Druon, Atger, Delessert, Delasalle, Busche, Visscher, Wellesley, etc., etc., de 1833 à 1856.

338 **Livres et Estampes.** Trois catalogues in-8 : Victor de Saint-Maurice, 1848. Goddé, peintre, livres relatifs aux arts, 1850. Quatremer de Quincy, livres relatifs aux arts et à l'archéologie, 1850.

339 — Collection de lettres de Nicolas Poussin. *Paris*, Didot, 1824, in-8, demi-rel.

340 — L'Art d'imprimer les tableaux, traité d'après les écrits, les opérations et les instructions verbales de J.-C. Leblon. *Paris*, 1756, in-8 cart., 3 pl.

341 — Enéïde. Dessins bas-reliefs au trait, d'après les compositions originales d'Ademollo, in-4, demi-rel., 26 pl.

DESSINS

342 **Aken** (Jean Van). Beau Paysage lavé à l'encre sur papier de couleur.

343 **Backhuysen** (Louis). Marine. Dessin au crayon et lavé.

344 **Baltard**, architecte. Peintures du Primatice dans la salle de Henri II, à Fontainebleau. Quatre dessins à la sanguine, faits par Baltard, avant la restauration de ces peintures.

345 — Figures mythologiques, peintes par le Primatice dans la salle de Henri II, à Fontainebleau. Dix-huit dessins à la sanguine, sur trois feuilles; plus un dessin à la sanguine de la Galerie de François Ier.

345 *bis.* **Bergeret.** Fac-Simile imitant un vieux dessin de Baccio-Bandinelli.

346 **Bloemaert** (Abraham). La Vierge et l'Enfant-Jésus sur des nuées; au bas, saint Pierre et saint Paul, dessin à la plume lavé à l'encre de Chine.

347 **Blondel.** Sapho. Gracieux dessin au crayon et à l'estompe, rehaussé de blanc.

348 **Bouchet**, architecte. Sept dessins à la mine de plomb, fragments d'après les tableaux et fresques du Giotto, Massacio, Simon Memmi, etc.

349 **Bourgogne**, 1699 (duc de). Une bataille, dessin à la plume. On lit au haut, à droite : *Achevé ce 23 juin 1699* (ces mots écrits de la main du prince). Et du côté opposé, on lit d'une autre écriture : *Mgr le duc de Bourgogne m'a donné ce dessin le 23 juin 1699.*

Ce curieux dessin est dans le goût d'Israël Silvestre, qui était le maître à dessiner du Prince.

350 **Carrache** (ANNIBAL). Le Couronnement de la Vierge; à ses pieds, saint Jean et sainte Magdeleine. Dessin au bistre.

351 — Étude d'arbre. Dessin à la plume.

352 — Étude au crayon noir pour un saint François en extase.

353 **Cochin le fils** (CHARLES-NICOLAS). Les trois artistes sculpteurs du nom de Slotz. Trois dessins au crayon de mine de plomb sur vélin; ils sont gravés.

353 *bis.* — Frontier. Dessin à la mine de plomb, sur vélin.

354 **David** (LOUIS). Portrait de Larevellière-Lepaux, conventionnel. Dessin à la pierre d'Italie.

355 **Diepenbeck** (ABRAHAM). La Cène. Dessin à la plume lavé à l'encre de Chine.

356 **Duguet dit Gaspard Poussin**. Paysage. Dessin à la plume.

357 **Durer** (ALBERT), 1523. Un Apôtre. Dessin à la pierre d'Italie, sur papier bleu rehaussé de blanc. La marque du papier est la même que celle des estampes de ce maître. Du cabinet de Thomas Laurence, peintre anglais.

358 — La Sainte-Trinité. Dessin à la plume sur papier blanc avec le même filigrane que celui des estampes de ce maître. Ce dessin est gravé.

359 — Élévation du Christ en croix. Dessin en grisaille rehaussé de blanc.

360 **Ecole Allemande**, 1508. Vierge et Enfant-Jésus. Dessin à la plume. — *4*

361 **Fra Bartholomeo, de Saint-Marc.** Christ au tombeau soutenu par les saintes femmes. Dessin à la plume et au bistre. — *9+11 Cl.*

362 **Flinck** (GÉRARD). Femme nue; elle tient un papier de la main gauche. Dessin à la sanguine, signé. — *2*

363 **Gautier**, architecte. Vue de la villa Médicis. Dessin lavé à l'encre de Chine.

364 **Géricault**. Études de Chevaux. Dessin à la mine de plomb. — *10.50*

365 — Deux Études à la plume sur papier végétal. — *6.50*

366 **Gillot** (CLAUDE). Les Forgerons et diverses autres figures. Six dessins à la sanguine. — *7.50*

367 **Greuze**. Études de Mains dont celle du Paralytique. Deux dessins à la sanguine. — *5.50*

368 **Guardi**. Études de petites Figures. Quatre dessins à la plume et au bistre. — *6.50*

369 **Guintotardi**. Très-joli Paysage à la gouache. — *5*

370 **Jules Romain** (JULIO PIPI dit). La Force, trois figures allégoriques. Dessin lavé au bistre. — *6.50 Loz.*

371 **Labelle** (ETIENNE de). Tête de saint Jean. Joli dessin à la plume et au bistre. — *5.*

372 — Mercure, figures polonaises et autres Études à la plume. Cinq dessins. — *3.25*

373 **La Fage** (RAYMOND). Statue équestre de Marc Aurèle. Deux dessins à la plume et au bistre. — *2.*

374 **Le Barbier l'aîné**, 1782. Sujet mythologique. Dessin lavé au bistre, gravé en frontispice dans le Voyage en France, en 12 vol. in-fol., publié par Lamy. — *8.50*

375 **Le Sueur** (ÉUSTACHE). Mort de Lucrèce. Grand dessin à la plume, lavé à l'encre de Chine.

1.75 376 **Lioni** (OCTAVE). Portrait du marquis de Galineury. Dessin au crayon sur papier bleu et rehaussé de blanc.

7.50 Loi. 377 — Un Cardinal. Dessin à la plume et au bistre.

96 Rochoux 378 **Meunier**, architecte, 1788. Vue de la Colonnade du Louvre. Dessin colorié.

86 379 — Vue du Palais de Justice. Dessin colorié.

70 Cl. 380 Vue de la Monnaie et de la Galerie du Louvre. Dessin colorié.

270 Berger 381 Vue du Palais-Royal et du bâtiment dit la Rotonde. Vue intérieure de la Rotonde. Deux dessins coloriés.

51 Rochoux 382 **Moitte** (PHILIBERT), architecte. Vue de la Porte Saint-Denis. Dessin colorié.

50 Rochoux 383 — Vue de la Porte Saint-Martin. Dessin colorié.

8 Cl. 384 **Miniature**. Officier supérieur des Cent-Suisses, sous Louis XVI.

1.75 385 **Momper** (JOSSE), 1562. Vue d'un Village. Dessin lavé au bistre.

1.50 386 **Noblesse**, 1699. Sainte-Famille. Dessin à la plume, d'après l'eau-forte de Eustache Le Sueur.

2 387 **Parmesan** (FRANÇOIS MAZZUOLI dit le). Moïse. Dessin à la plume et au bistre.

2.50 388 **Périn del Vaga**. Un sujet d'Histoire ancienne. Dessin au bistre.

1 389 **Pernot** (F.-A.). Étude de Plantes, d'après nature. Dessin très-fini à la mine de plomb.

10 Cl. 390 **Rembrandt**. Une Femme juive. Dessin lavé à la sanguine.

391 **Rigaud** (Hyacinthe). Portrait de Pierre Gillet, doyen des procureurs. Dessin au crayon sur papier bleu rehaussé de blanc. On y a joint la gravure par P. Drevet. — 3.50

392 **Saftleven** (Corneille), 1665. Jeune Garçon assis sur un escabeau. Dessin au crayon lavé à l'encre de Chine. — 2

393 **Saint-Aubin** (Augustin). Deux portraits de Femme, à plusieurs crayons; un légèrement colorié. — 15

394 **Schongauer** (Martin). Un Ange et Fuite en Egypte. Deux dessins en grisaille rehaussé de blanc. — 99.

395 **Tiépolo** (Jean-Baptiste). Apothéose d'un Saint pour un plafond. Saint-Jérôme Émilien. Deux Dessins au bistre. Ce dernier avec la gravure par Dominique Tiépolo. — 2

396 — Diogène. Dessin à la plume.

397 — Un Portefeuille, format grand-monde, avec serviette. — 5.50

398 — Plusieurs Portefeuilles et Couvertures de livres. — 3

SUPPLÉMENT

399 **Baudouin** (d'après). L'Epouse indiscrète, gravé par Delaunay. — 4.75 Daukos

400 — Les Cerises, par N. Ponce.

401 — **Bosse** (Abraham). Le Festin de l'Enfant prodigue.

402. **Boucher** (François). Deux paysages à l'eau-forte.

403 **Bout** (Pierre). Les Marchands de poissons, pièce à l'eau-forte. Rare.

404 **Bolswert** (Schelte). Mercure et Battus, d'après Jordaens. Belle épreuve avant l'adresse de Bloteling.

405 — Sainte Magdeleine.

406 **Eisen** (Charles). L'Après-midi.

407 **Frendenberg** (d'après). La Visite inattendue, par Voyez aîné.

408 — Sujet galant, berger et bergère.

409 **Monnet** (d'après). Vénus et Adonis et Renaud et Armide. 2 pièces, par Vidal.

410 **Morin**. Sous la treille, par Saint-Ève.

411 **Oudry** (J.-B.). Le Cygne effrayé et la Curée faite. 2 belles pièces, par Lebas.

412 **Watteau**. Sujets chinois, gravé par Aubert.

413 **Portraits**. Robert Nanteuil, d'après ce maître, par Edelinck.

414 — Rubens, d'après ce maître, par Hollar.

415 — Frédéric-Guillaume, électeur de Brandebourg, par Ant. Masson.

416 — Philippe II, roi d'Espagne, par Morin, d'après le Titien.

417 — Philippe Le Roy, d'après Van Dyck, par Pontius.

418 — Rubens, d'après Van Dyck, par Pontius.

419 — **Vorsterman**. Son portrait, d'après Antoine Van Dyck.

420 **Pièces historiques.** L'admirable dessin de la porte et place de France, avec ses rues commencées à construire ès marest du Temple, à Paris, durant la règne de Henri-le-Grand, quatrième du nom, etc., l'an de grâce 1610, par Claude Chastillon, Chaalonnois. Pièce rare, avec l'imprimé indicatif au bas. — 26 Rochoux

421 — Marie Stuart, reine d'Ecosse, décapitée dans le château de Fotheringhey, le 8 février 1587. B. Picard, inv., Ch Massard, sculpt. — 1

422 — Portraits de Louis XIV, gravées suivant les différents âges. Dix médaillons, par Simmoneau, 1704. — 0

423 — Manufacture royale de Rasoirs. — 1

424 — La Mort de Turenne et du chevalier d'Assas. 2 pièces.

425 **Ecole italienne.** Deux pièces, d'après l'Albane, par G. Audran. — 1

426 — Marc-Antoine. Le Triomphe, d'après Mantègne. Copie.

427 — Les Grimpeurs, d'après Michel-Ange. Copie.

428 — Le Parnasse, d'après Raphaël. Copie. 2 pièces.

429 — D'après Raphaël, la Genèse, suite de douze pièces en forme de frise. — 1.25

430 — La Vierge, l'Enfant Jésus et plusieurs saints et saintes, d'après Paul Véronèse, à l'eau-forte, par Brebiette.

431 **Estampes diverses.** Portraits en pied pour le Plutarque. 8 pièces. — 1.25

432 — Rollin, Thévenard, Marchand, etc. 5 pièces.

433 — Le Tasse, Masaniello, Molière, Barmarchais, etc. 13 pièces. — 1.50

— 38 —

2 { 434. — Diverses compositions de Bernard Picart. 3 p.
435 — Diverses pièces, par Prud'hon, Jacques, Cochin, etc. 11 pièces.

1.50 { 436 — Diverses sujets historiques. 22 pièces.
437 — Lithographies diverses. 7 pièces.

1.50 Supplement retiré

2.50 retiré

3.25

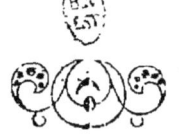

Renou et Maulde, imprimeurs de la Compagnie des Commissaires-Priseurs,
rue de Rivoli, 144.   15033

e.1862